essentials

Springer Essentials sind innovative Bücher, die das Wissen von Springer DE in kompaktester Form anhand kleiner, komprimierter Wissensbausteine zur Darstellung bringen. Damit sind sie besonders für die Nutzung auf modernen Tablet-PCs und eBook-Readern geeignet. In der Reihe erscheinen sowohl Originalarbeiten wie auch aktualisierte und hinsichtlich der Textmenge genauestens konzentrierte Bearbeitungen von Texten, die in maßgeblichen, allerdings auch wesentlich umfangreicheren Werken des Springer Verlags an anderer Stelle erscheinen. Die Leser bekommen „self-contained knowledge" in destillierter Form: Die Essenz dessen, worauf es als „State-of-the-Art" in der Praxis und/oder aktueller Fachdiskussion ankommt.

Sabine Pfeiffer

Die verdrängte Realität: Ernährungsarmut in Deutschland

Hunger in der Überflussgesellschaft

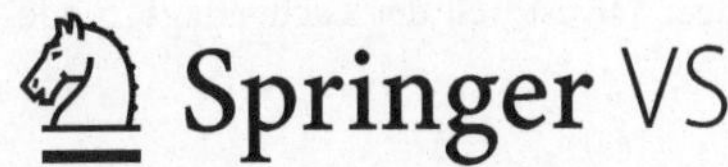

Sabine Pfeiffer
Institut für Sozialwissenschaftliche
  Forschung e.V. (ISF München)
München
Deutschland

ISSN 2197-6708   ISSN 2197-6716 (electronic)
ISBN 978-3-658-04664-4   ISBN 978-3-658-04665-1 (eBook)
DOI 10.1007/978-3-658-04665-1

Die Deutsche Nationalbibliothek verzeichnet diese Publikation in der Deutschen National-
bibliografie; detaillierte bibliografische Daten sind im Internet über http://dnb.d-nb.de ab-
rufbar.

Springer VS
© Springer Fachmedien Wiesbaden 2014

Springer VS ist eine Marke von Springer DE. Springer DE ist Teil der Fachverlagsgruppe
Springer Science+Business Media
www.springer-vs.de

Vorwort

Armut in einem reichen Land ist kein Schicksal, „Armut in Reichtum ist ein Skandal" (Selke 2013, S. 20). Stefan Selke ist einer der wenigen deutschsprachigen Soziologen, der mit seiner Tafelforschung seit Jahren auf Ernährungsarmut in Deutschland hinweist. Ihm kommt das Verdienst zu, mit der Forschung zu Tafeln, das Thema Ernährungsarmut in die bundesdeutsche Wahrnehmnuung gerückt zu haben. Mehrere von ihm herausgegebene Bücher und Sammelbände machen nicht nur die Entwicklung der Tafeln und das Erleben der dort ehrenamtlich Helfenden sichtbar, sondern auch die Scham, den Stolz, die Resilienz der betroffenen „Kunden". Der hier abgedruckte, aktualisierte Beitrag erschien ursprünglich unter dem Titel „Hunger in der Überflussgesellschaft" in dem von Stefan Selke herausgegebenen Band zur Kritik der Tafeln im Jahr 2010 (Pfeiffer 2010). Dieser Bd. (Selke 2010) versammelt einen breiten Fächer an Beiträgen zu Standortbestimmungen eines ambivalenten sozialen Problems – so der Untertitel. Rund zwanzig Beiträge diskutieren Tafeln kritisch als widersprüchliche Angebote des heutigen Sozialstaats zur Existenzsicherung und als Signatur der Gegenwartsgesellschaft und sie zeichnen die Praxis der Umverteilung nach.

Inhaltsverzeichnis

Einleitung

1

Vielleicht ist es kein Zufall, dass das englische Wort für Existenzminimum so viel sprechender ist als unseres: Breadline. Anders als die deutschen Begriffe Armutsgrenze oder Existenzminimum zeigt das englische Wort, dass Armut – auch in an sich reichen Ländern – schnell die grundsätzliche Frage nach Ernährung aufwirft. In England und den USA ist Ernährungsarmut stärker sichtbar und wird gesellschaftlich breiter diskutiert als in Deutschland.

Das hat zum einen damit zu tun, dass in beiden Ländern besser und kontinuierlicher zum Ernährungsverhalten geforscht wird und dabei schichtspezifische Unterschiede ernster genommen werden als in Deutschland. Aus den wenigen Studien zu Ernährung in Deutschland erfahren wir vor allem etwas über Ernährungstypen, die für Marketingfragen relevant sind: über die Leidenschaftslosen und die Problembewussten, die Maßlosen und die Gehetzten, die Gesundheitsidealisten und die Nestwärmer und schließlich die modernen Multi-Optionalen (Nestlé 2011). Oder wir erfahren – gerne verbunden mit erhobenem Zeigefinger –, dass sich Menschen mit geringem Einkommen ungesunder ernähren als andere. Eine Absicht des nachfolgenden Textes ist es, der vergleichsweise unbefriedigenden und lückenhaften Datenlage zum Thema Ernährungsarmut in Deutschland nachzugehen. Anhand von Indizienbeweisen und empirischen Annäherungen – gestützt auf unterschiedliche Datenquellen – wird versucht, der Ungeheuerlichkeit von Ernährungsarmut in Deutschland näherzukommen.

Die stärkere Sichtbarkeit von Ernährungsarmut in angelsächsischen Ländern erklärt sich zum anderen aber auch mit einer drastischen Realität, die sich nicht mehr verleugnen lässt. So werden mittlerweile in den USA annähernd 15 % aller Haushalte als „food insecure households" eingeschätzt (Coleman-Jensen et al. 2012). Das ist nur einer von unzähligen Belegen dafür, dass „Food Security" – also der nachhaltige Zugang zu ausreichender Ernährung – in den Ländern des Global North zunehmend keine Selbstverständlichkeit mehr für alle ist (Dowler und

S. Pfeiffer, *Die verdrängte Realität: Ernährungsarmut in Deutschland*, essentials,
DOI 10.1007/978-3-658-04665-1_1, © Springer Fachmedien Wiesbaden 2014

OConnor 2012).[1] Ernährungsarmut in reichen Ländern, das scheint ein Widerspruch – ist es aber leider nicht. Nicht nur im globalen Maßstab zeigt sich: „Hunger is caused by poverty and inequality, not scarcity" (Holt-Gilmènez et al. 2012, S. 595). Hunger und Ernährungsarmut sind – nicht nur aktuell, sondern auch in der geschichtlichen Entwicklung der Menschheit – selten Ausdruck objektiver, etwa witterungs- oder katastrophenbedingter Knappheit,[2] sondern sie sind überwiegend eine bewusst in Kauf genommene Folge ungleicher Verteilung. Die Zunahme sozialer Ungleichheit führt daher auch in Ländern des globalen Nordens immer schneller zu direkten Folgen für die Ernährung der Betroffenen: So stieg etwa die Anzahl der „Kunden" von „Feeding America", der amerikanischen Dachorganisation der Suppenküchen und Tafeln, zwischen 2005 und 2009 in Folge der Finanzkrise in nur vier Jahren um erschreckende 46 % (Mabli et al. 2010, S. 61).

Tafeln in Deutschland sind, wie Janet Poppendieck schon Ende der 1990er Jahre für die Food Banks in den USA zeigen konnte, „Sweet Charity": Eine Institution, die zunächst zur Überwindung punktueller Notsituationen „Emergency Food" bereitstellen wollte, wird zum „massive charitable endeavor" und trägt zunehmend dazu bei, den Druck abzumildern, der zu „more fundamental solutions" führen könnte (1999, S. 5). Das Phänomen Tafeln diskutiere ich im Schlussteil des Beitrags als Ausdruck der vorherrschenden politischen und gesellschaftlichen Strategien im Umgang mit Ernährungsarmut in Deutschland.

Zunächst aber stelle ich zwei andere Themen in den Vordergrund. Erstens geht es um die sträflich vernachlässigte Datenlage zu Ernährungsarmut in Deutschland, anhand derer sich trotzdem zeigen lässt: Es gibt Menschen in unserem Land, deren Kühlschrank und deren Mägen oft leer sind. Die Zahlen und Daten hierfür mussten aus unterschiedlichsten Quellen zusammengetragen werden, eine Aktualisierung wurde daher nur teilweise vorgenommen. Zweitens diskutiere ich als einen der auch in der Tafelforschung bislang weitgehend unterschätzten Aspekte von Ernährungsarmut den Aspekt der alimentären Teilhabe. Ein abstrakter Begriff – mit sehr konkreten Folgen für die Betroffenen. Wer nur wenige Euro am

---

[1] In den Studien der Welternährungsorganisation dagegen bleiben Ernährungsarmut und Food Insecurity auch im aktuellen Bericht (FAO 2013) überwiegend ein Thema so genannter Entwicklungsländer; das zum Download bereitgestellte Datenfile enthält detaillierte Angaben zu Ländern des Global South – die Zeilen und Spalten zu Ländern wie Deutschland, den USA oder Großbritannien bleiben bei den meisten Indikatoren völlig leer.

[2] Gleichzeitig mehren sich die Zeichen, dass wir zukünftig weltweit in eine neue Ära objektiver (wenn auch selbst verschuldeter) Knappheiten konfrontiert sein könnten: Die Fragilität globaler Wertschöpfungsketten in der Nahrungsmittelindustrie, die auf kurzfristige ökonomische Effekte zielende industrielle Landwirtschaft und die Herausforderungen des Klimawandels werden als mögliche Gefahren zukünftiger weltweiter Nahrungsmittelkrisen diskutiert (etwa Albritton 2010; Cribb 2011; Roberts 2008).

Tag für Ernährung und Getränke ausgeben kann, leistet sich nicht den Cappuccino mit Freunden, geht nicht auf einen Happen abends ins Thai-Lokal und feiert nicht Geburtstag bei einem ausführlichen Brunch im neuen Hotel der Stadt. Wer nur wenige Euro am Tag für Ernährung ausgeben kann, ist ausgeschlossen von einer besonderen und nicht zu kompensierenden Dimension von Teilhabe an unserer Gesellschaft. Essen, Essenswahl und Essensvorlieben, Essensstile, Essengehen – all das ist so viel mehr als Sattwerden. Essen ist in einer individualisierten Gesellschaft essenzielle Teilhabe und Sozialität, Quell zentraler Aspekte von sozialem Kapital. Wer hiervon ausgeschlossen wird, muss in vielerlei Hinsicht „draußen bleiben". Auch das ein Skandal. Auch das eines der vielen und vielschichtigen Gesichter von Ernährungsarmut.

Normalerweise freue ich mich als Autorin, wenn meine Texte in zweiter Auflage veröffentlicht werden. Im Fall von Ernährungsarmut wäre mir lieber, das Thema hätte keine Konjunktur – und zwar deshalb nicht, weil soziale Ungleichheit und ihre unmenschlichen Folgen kein reales Thema mehr in unserer Gesellschaft sind. Leider aber geht die Entwicklung in eine andere Richtung und das Thema Ernährungsarmut bleibt damit wohl auch zukünftig ein Forschungsthema.[3] Ein Thema für Forschung, die einen Beitrag leistet zum Sichtbarmachen des Negierten und damit aktiv und streitbar teilnimmt an einem gesellschaftlichen Diskurs und einer politischen Auseinandersetzung für die Umkehrung der Verteilungsrichtung in unserem Land.

---

[3] Wie arme Menschen mit allen Aspekten rund um Ernährung umgehen; wie sie teilhaben an dem, von dem sie ausgeschlossen werden, und wie sie bewältigen, was kaum bewältigbar ist: Das haben wir begonnen zu erforschen – und auch hier ist es kein Zufall, dass die erste Veröffentlichung dazu in einem englischsprachigen Journal erschien (Pfeiffer et al. 2011). Eine Weiterführung unserer Forschung zu Ernährungsarmut beginnt gerade im Rahmen des Projekts soeb3– Berichterstattung zur sozioökonomischen Entwicklung in Deutschland (www.soeb.de).

Hunger: Ein unerwartetes Thema in der Überflussgesellschaft

Nicht erst das jüngst ergangene Urteil des Verfassungsgerichts zu den Hartz-IV-Sätzen zeigt: Der öffentliche Diskurs um eine angemessene Höhe des Existenzminimums ist längst entbrannt. Wissenschaft und Politik scheinen sich dabei unterbieten zu wollen. Ob der Hartz-IV-Speiseplan eines Berliner Finanzsenators[1] oder die fragwürdigen Rechenkünste Chemnitzer Wirtschaftswissenschaft[2] – allein die Vehemenz der Debatte um diese durch die Presse geisternden Beispiele zeigt: Die Frage, wie viel zum Nicht-Verhungern reicht, ist offensichtlich wieder debattierbar geworden – mitten in der Überflussgesellschaft[3]. Und genau darum soll es hier gehen, nämlich um die Frage von Hunger und Ernährungsarmut in einer Gesellschaft, die in vielerlei Hinsicht vom Überfluss geprägt scheint.

Hunger gilt gemeinhin als der physisch spürbare Ausdruck von zu wenig Nahrung – „an uneasy or painful sensation caused by a lack of food" (Anderson 1990, S. 1589). Hunger ist körperlich spürbare Armut (Selke 2009b, S. 37) und hat immer auch eine sozialpsychologische Seite. Schon Sorokin (1975, S. 14 ff.) unterscheidet bei seiner Untersuchung der Hungersnot 1921/22 im nachrevolutionären Russland zwischen der subjektiven Erfahrung von Hunger (hunger-appetite) und dem faktisch-objektiven Hunger. In der deutschen Diskussion ist der Begriff der *Ernährungsarmut* vorherrschend, ein Topos der interdisziplinären Forschung von

---

[1] Thilo Sarrazin ist – anders als die Deutsche Gesellschaft für Ernährung – der Meinung, mit dem Regelsatz könne man sich „vollständig, gesund und wertstoffreich ernähren" (Welt Online 08.02.2008).

[2] Nach Thießen und Fischer (2008) wären sogar 68 Euro noch ausreichend für Lebensmittel, Tabak und Alkohol – also rund die Hälfte der derzeit im Regelsatz vorgesehenen Summe.

[3] Galbraith (1959) thematisiert mit der „Affluent Society" den inneren Zusammenhang von Überflussproduktion und Mangel (vor allem an öffentlicher Infrastruktur) und kritisiert, dass die Industriegesellschaft letztlich aus einer Mangellogik heraus agiere und daher eine Steigerung der Produktion als einzige – aber eben irreführende – Strategie anwende.

S. Pfeiffer, *Die verdrängte Realität: Ernährungsarmut in Deutschland*, essentials, DOI 10.1007/978-3-658-04665-1_2, © Springer Fachmedien Wiesbaden 2014

Soziologie und Ernährungswissenschaft (Heindl 2007). Unterschieden wird zwischen materieller und sozialer Ernährungsarmut (Feichtinger 1995, S. 295 ff). Bei ersterer ist die Nahrung weder in ihrer Quantität noch in ihrer physiologischen und hygienischen Qualität bedarfsdeckend. Soziale Ernährungsarmut verhindert die Einhaltung der gesellschaftlich akzeptierten Sitten und Gebräuche im sozialen und kulturellen Umgang mit Essen. Im internationalen Diskurs spielt dagegen das Begriffspaar der Food (In-)Security die entscheidende Rolle. Food Security bedeutet, dass alle Menschen zu allen Zeiten in einem Gebiet frei von Hunger sind. Dazu zählen die Verfügbarkeit von Nahrungsmitteln in diesem Gebiet (availability), der Zugang von Haushalten zu diesen Nahrungsmitteln (access), die individuelle Fähigkeit der Nutzung dieser Nahrungsmittel (utilization) und schließlich die prinzipielle Robustheit bzw. Prekarität des Gesamtzustands (vulnerability) (United Nations World Food Program 2008, S. 14 f.). Food Insecurity als eine „limited ability to secure adequate food" (Anderson 1990, S. 1598) wird als die Abwesenheit von Food Security definiert und führt früher oder später zwangsläufig zu Hunger.[4]

Vor diesem begrifflichen Hintergrund bilden zwei zentrale Thesen den Hauptteil meines Beitrags. Zunächst werde ich im Kap. 3 zeigen: Es gibt Hunger und Ernährungsarmut mitten in Deutschland. Wir haben es dabei derzeit nicht mit einem massenhaften Problem zu tun, aber mit einem quantitativ relevanten und zudem qualitativ brisanten. Letzteres hat – so meine zweite und in Kap. 4 verfolgte These – auch damit zu tun, dass Hunger und Ernährungsarmut nicht nur Fragen sozialer Verteilungsgerechtigkeit und ernährungsphysiologische Bedenken aufwerfen, sondern dass es sich dabei auch um komplexe und – in allen sozialen Dimensionen – existenzielle Teilhabeprobleme handelt. Für den empirischen Beleg beider Thesen stehen, und dies ist ein systematisches Problem, keine einschlägigen Datensätze für Deutschland zur Verfügung – für den Moment müssen daher empirische Annäherungen genügen. Abschließend thematisiere ich im fünften Kapitel, warum Hunger und Ernährung im gesellschaftlichen Diskurs und in der soziologischen Forschung kaum angekommen sind, und begründe dies mit den vorherrschenden Strategien des gesellschaftlichen Umgangs in Deutschland. Diese lassen sich mit den Begriffen *Delegierung, Negierung* und *Stigmatisierung* charakterisieren und bewirken – so meine abschließende Prognose – neben strukturellen und sozialstaatlichen Bedingungen, dass Hunger und Ernährungsarmut zukünftig in Deutschland weiter zunehmen werden.

---

[4] Bei der Messung von Food Insecurity wird daher auch unterschieden zwischen Haushalten ohne Hunger, mit moderatem oder mit bereits ausgeprägtem Hunger (Bickel et al. 2000, S. 31). Zu beachten ist, dass die nationale Nahrungssicherheit nicht mit der Chancengleichheit aller in Bezug auf eine gesicherte, gesunde Ernährungsweise innerhalb der Gesellschaft gleichzusetzen ist (Kaiser 2001, S. 35).

Hunger und Ernährungsarmut in Deutschland: Eine Annäherung über empirische Indizien

3

Hunger und Ernährungsarmut scheinen für die bundesdeutsche Wirklichkeit im Jahr 2013 ungewöhnliche Topoi. Wer nach Phänomenen von Hunger in unserer Überflussgesellschaft sucht, wird sofort konfrontiert mit der Frage: Wie viele sind es? „Wie viele sind es?", so Paugam (2008, S. 8), diese Frage habe er „immer wieder, um nicht zu sagen bei jedem" seiner Vorträge zu Armut gehört – als „könne man nicht über Armut sprechen, ohne sie quantitativ zu bestimmen". Begeben wir uns also zunächst in die Welt der Zahlen zum Thema Hunger und Ernährungsarmut in Deutschland. Hunger und Ernährungsarmut sind allerdings – und das ist ein systematisches Problem – keine festen Größen in den Massendatensätzen der für Deutschland relevanten Statistik. Deswegen gelingt hier allenfalls eine Annäherung auf Grundlage von empirischen Indizien.

Anders als beispielsweise in den USA (National Health and Nutrition Examination Survey, NHANES) oder in Großbritannien (National Food Survey, NFS) gibt es in Deutschland keine systematischen und regelmäßig durchgeführten Studien zur Ernährungssituation.[1] Die Nationale Verzehrsstudie (NVS), zweimal durchgeführt in den 1980er Jahren (NVS I) und zwischen 2005 und 2007 (NVS II) (Brombach et al. 2006; Kaiser 2001, S. 42 ff.; Max Rubner-Institut 2008a, S. 2 ff.), gibt in einem aufwändigen Methodenmix zwar Aufschluss über das Ernährungsverhalten und den Ernährungszustand von jeweils rund 20.000 Personen – für eine Einschätzung des Ausmaßes von Ernährungsarmut und Hunger in Deutschland hilft dies jedoch kaum weiter.

---

[1] In der DDR gab es im Abstand von drei bis fünf Jahren regelmäßig Verzehrserhebungen, zuletzt im Jahr 1989. Obwohl die Daten nicht vergleichbar sind, zeigen sich abgesehen von planwirtschaftlich bedingten Einschränkungen des Konsumverhaltens durchaus Parallelen im Vergleich zur Entwicklung in Westdeutschland: Auch im Osten nahmen Individualisierungstendenzen zu und es findet sich eine verstärkte Orientierung an Gesundheits- und Rationalitätseffekten sowie an Genuss und Qualität (Prahl/Setzwein 1999, S. 86 f.).

S. Pfeiffer, *Die verdrängte Realität: Ernährungsarmut in Deutschland*, essentials, DOI 10.1007/978-3-658-04665-1_3, © Springer Fachmedien Wiesbaden 2014

Während in der amerikanischen Erhebung längst arme Bevölkerungsschichten – begründet – überrepräsentiert werden, fehlen diese in der NVS weitgehend: Bevölkerungsgruppen mit einem erhöhten Risiko der Ernährungsarmut wie MigranntInnen, Heiminsassen, Personen ohne festen Wohnsitz sowie Kinder unter 14 Jahren sind bewusst aus der Studie ausgeschlossen, Familien mit Kindern und ältere Alleinstehende sind deutlich unterrepräsentiert. Dieser von Kaiser (2001, S. 44 f.) schon an der NVS I geübten Kritik wurde in der NVS II leider in keiner Weise Rechnung getragen. Zwar versucht die NVS II ihr Sample über einen Vergleich mit Daten des Mikrozensus als ausgewogen zu darzustellen.[2] Aus Sicht der Einkommensarmut jedoch ist auch die NVS II m. E. nicht aussagekräftig. Das wird sichtbar, wenn man die NVS II vergleicht mit den Zahlen der OECD[3] (Employment Outlook 09–2009) für Deutschland aus dem Jahr 2005: In der NVS fällt nur bei 4,4 % der Befragten das Haushaltsnettoeinkommen in die Einkommensklasse der relativen Armut (in Deutschland sind es 11%) und 11,6 % der Befragten sind arbeitslos (Max Rubner-Institut 2008a, S. 43 f.) – laut OECD sind es zum selben Zeitpunkt in Deutschland aber 15,2 %.[4]

Vielleicht lernen wir deshalb aus den Ergebnissen der NVS vor allem eines: Arme sind das Gegenteil von hungrig – sie sind „fett" (so zumindest der Tenor der Presseberichterstattung zu den Ergebnissen). Und dies nicht zu Unrecht: In Deutschland ist jeder fünfte Bundesbürger adipös, d. h. er hat einen Body Mass Index (BMI) von über 30. Vor allem aber ist das Übergewicht ungleich verteilt: Je höher der Schulabschluss und je höher das Pro-Kopf-Nettoeinkommen, desto geringer der BMI (Max Rubner-Institut 2008a, S. 89 f.). Die so genannte Unterschicht scheint auch noch selbst schuld zu sein, ernährt sie sich doch eindeutig ungesünder: Sie verzehrt weniger Lebensmittel mit günstiger Nährstoffzusammensetzung und greift stattdessen verstärkt zu fetten und süßen Lebensmitteln (Max Rubner-Institut 2008b, S. 163). Und: Arme trinken nicht nur bis zu viermal mehr zuckerreiche Limonaden als Personen der Oberschicht, sie konsumieren auch mehr Alkohol.[5]

---

[2] Zur Aussagekraft von Armutsquoten im Mikrozensus im Vergleich zum SOEP 1996 vgl. kritisch Strengmann-Kuhn (2003, S. 37 ff.).

[3] Vgl. http://www.oecd.org.

[4] Laut Statistischem Bundesamt liegt die Armutsquote in Deutschland im Jahr 2006 bei 13,9 % (Destatis 2008, S. 169) – hier wird allerdings von anderen Berechnungsgrundlagen ausgegangen (a. a. O., S. 165).

[5] Dass Ernährungsarmut in Wohlstandsgesellschaften mit erhöhtem Fleisch- und Zuckerkonsum und mit einer insgesamt ungesünderen Ernährung einhergeht, wissen wir auch aus internationalen Studien (etwa Fine et al. 1998) und aus den Daten des Sozioökonomischen Panels (SOEP). Auch Bourdieu (1987, S. 288 f.) zeigt empirisch: Je kleiner der Geldbeutel, desto nahrhafter, fetthaltiger und schwerer verdaulich sind die Nahrungsmittel. Seine kritische Frage lautet, ob einem letztlich schmecke, wozu man sozial sowieso verdammt sei.

Zu allem Überfluss rauchen Arme auch noch mehr – dass ihre Morbiditäts- und Mortalitätsraten deutlich höher liegen als im Bevölkerungsdurchschnitt, scheint also a) kein Wunder und b) weitgehend im eigenen Fehlverhalten begründet (Bundesregierung 2008, S. 105 f., 359; Köhler 1995, S. 273). So auch die vorherrschende öffentliche Wahrnehmung. Dass dies alles Gründe hat, die nicht nur in der Person liegen, dazu später.[6]

Gibt es nun aber jenseits dieser Zahlen Hinweise darauf, dass Armut in Deutschland nicht nur mit gesundheitsschädlichem Übergewicht, sondern auch mit Hunger einhergehen kann? „Wirkliche Hungerphasen treten bei den meisten Armen periodisch nur dann auf, wenn das Haushaltsgeld zur Neige geht", so scheinen uns Barlösius et al. (1995, S. 20) beruhigen zu wollen. Das ist eine Aussage, die im Grunde zutiefst zynisch ist – obwohl sicher nicht so gemeint. Denn es liegt im Wesen des Haushaltsgelds, dass es periodisch monatlich zur Neige geht, und das heißt: mindestens zwölfmal im Jahr. Schon Anfang der 1990er Jahre reichten die Sozialhilfeleistungen für Lebensmittel im Durchschnitt nur für 19,5 Tage im Monat (Roth 1992, S. 8). In den restlichen – in den Worten der Betroffenen – „Gummiwochen" oder „Ziehtagen" (Lehmkühler und Leonhäuser 1998) beschränkt sich die Ernährung auf extrem eintönige Kost; über Tage werden beispielsweise nur Nudeln mit Fertigsoße oder Toast mit Margarine und Marmelade konsumiert, so eine Studie zum Ernährungsverhalten von Sozialhilfeempfängerinnen (Kamensky 2004). Und das – je nach Monatslänge – über einen Zeitraum von acht bis zehn Tagen monatlich. Im Extremfall können damit also im Jahr bis zu 120 Tage zusammenkommen, die eindeutig von Ernährungsarmut und sicher partiell auch von Hunger geprägt sein können. Schon in Zeiten der Sozialhilfe also zeigen die wenigen Studien mit Aussagen zur Ernährungssituation, dass die ökonomische Basis keine ausreichende Ernährung gewährleistet: Bis zu 70 % der Sozialhilfeempfänger sparen beim Essen, zwei Dritteln reicht das Budget nicht aus für eine bedarfsgerechte Ernährung (Kaiser 2001, S. 48 ff.). Und dabei geht es nicht um irgendein Konsumgut: Es geht um existenzielle Grundlagen; und es geht um Lebensqualität – schließlich spielt für 69 % der Bevölkerung eine gute Ernährung eine große bis sehr große Rolle im Leben und 56 % sehen in guter Ernährung eine wesentliche Facette von Lebensqualität (Nestlé 2011, S. 128 ff.). Für Menschen im ALG-II-Bezug, mit niedrigen Renten oder in Niedriglohnbeschäftigung jedoch wird diese Dimension von Lebensqualität zunehmend unerreichbar.

Die Situation ist unter den Bedingungen von ALG II – im Volksmund Hartz IV – nicht besser geworden: Als größte und am stärksten belastende Einschränkung

---

[6] Dem einseitigen Bild des Fastfood essenden Armen widersprechen aktuelle Studien aus USA: Die Befragten mit dem geringsten Einkommen frequentierten Fastfoodrestaurants deutlich seltener als besser Verdienende (Gallup 2013).

im Erleben der Betroffenen wird nach Ames (2007) an zweiter Stelle die Ernährung genannt; gleichzeitig aber versuchen insbesondere Familien mit Kindern sich möglichst wenig beim Essen einzuschränken (Wüstendörfer 2008). Und laut den Daten des Panels Arbeitsmarkt und Soziale Sicherung (PASS 2006, 2007) verzichten bis zu 8 % der ALG-II-Empfänger aus finanziellen Gründen sogar auf eine tägliche warme Mahlzeit (Bernhard 2008, S. 8).

Zu der Frage, ob Hunger und Ernährungsarmut in Deutschland existiert, gibt auch ein Blick auf die Ausgabenmöglichkeiten Aufschluss, die sich unter den Bedingungen von Hartz IV ergeben. Zum einen ist die Kaufkraft des ALG II gegenüber dem Sozialhilfesatz deutlich verringert. Bei Berücksichtigung der Preissteigerungsraten seit 1998 und der Mehrwertsteuererhöhung 2007 hat laut Jaquemoth (2007, S. 75 ff.) der bis vor kurzem noch aktuelle Satz von 351 € eine reale Kaufkraft von nur 291 €. Nach damaligem Eckregelsatz waren nominal 135 € für Ernährung und Genussmittel vorgesehen. Entsprechend Jaquemoth wären dies an realer Kaufkraft nur 111 €. Am Tag stehen also 4,5 € nominal oder 3,7 € real zur Verfügung. Die seither erfolgte Erhöhung des Regelsatzes auf aktuell 382 € (und ab 2014 auf 391 €) hat daran und an den hier weiter ausgeführten Beispielrechnungen kaum Substanzielles verändert und – vor allem in Bezug auf Lebensmittel – nicht einmal die Preissteigerungsrate ausgeglichen. Hinzu kommt die seit 2011 neue Berechnung des Regelsatzes, die geringverdienende Haushalte und verdeckte Armut beim Referenzeinkommen unberücksichtigt lässt und zudem Tabak und Alkohol als nicht mehr als regelsatzrelevant betrachtet und abzieht; damit sind im Regelsatz für Nahrung und alkoholfreie Getränke nur noch 129,24 € vorgesehen (siehe zur Berechnung und insbesondere ihrer Kritik Becker 2010).

Zum Vergleich: Schon im Jahr 2000 lagen in den alten Bundesländern die monatlichen Ausgaben in einem Ein-Personen-Haushalt für Lebensmittel durchschnittlich bei über 221 €,[7] das entspricht einer täglichen Ausgabe von 7,4 €. Der im ALG-II-Satz vorgesehene Posten für Lebensmittel liegt also heute um fast 40 % niedriger als die realen Ausgaben im Durchschnitt der Bevölkerung im Jahr 2000. Selbst ohne für die Ausgabenseite die Preissteigerungsrate einzubeziehen, lässt sich sagen: Eine erhöhte Ernährungsarmutsquote ist im Regelsatz schon systematisch angelegt. Es wundert also nicht, wenn die Deutsche Gesellschaft für Ernährung zu dem Schluss kommt: Eine Ernährung nach den Regeln der Optimierten Mischkost ist für Menschen im ALG-II-Bezug ab dem vierten Lebensjahr nicht nur schwer möglich, sondern ausgeschlossen (Kersting und Clausen 2007).

---

[7] Hünecke et al. (2004, S. 20 f.) auf Basis der Einkommens- und Verbrauchsstichprobe der Amtlichen Statistik in Deutschland (EVS); aktuelle Daten aus der EVS-Erhebung von 2008 liegen noch nicht vor.

Nach dem SOEP 2007 kalkuliert ein Prozent der Befragten mit Haushaltsausgaben insgesamt (also nicht nur für Lebensmittel) zwischen null und 99 €, 7 % zwischen 100 und 199 €.[8] Vorsichtig betrachtet lässt sich von Folgendem ausgehen: Mindestens das eine Prozent, das sich zwischen null und 99 € Haushaltsausgaben bewegt – also rund 800.000 Menschen –, lebt in Ernährungsarmut und erlebt zumindest zeitweise auch Hunger. Unter den sieben Prozent mit Haushaltsausgaben zwischen 100 und 199 €, also über fünf Millionen Menschen, verbirgt sich eine größere, leider aufgrund der unspezifischen Datenlage quantitativ nicht eindeutig zu bestimmende Gruppe, die als ernährungsarm, zumindest aber als ernährungsunsicher eingestuft werden kann. Noch nicht einmal einbezogen sind dabei Menschen ohne Haushalt, nämlich die geschätzt rund 300.000 Obdachlosen in Deutschland.[9] Nach den Daten der Einkommens- und Verbrauchsstichprobe EVS von 2003 gibt das unterste Quintil der Alleinstehenden (nach Abzug von Personen im Leistungsbezug) real im monatlichen Durchschnitt 121,76 € für Nahrungsmittel und Getränke aus (Becker 2010, S. 36).

Was es heißt, mitten in einer Überfluss- und individualisierten Konsumgesellschaft ernährungsarm zu sein, das erschließt sich nicht in Zahlen. Wie Menschen dies erleben und wie sie damit umgehen, ist höchst unterschiedlich – das zeigen erste Auswertung von über 450 biografisch-narrativen Interviews mit Langzeitarbeitslosen (Pfeiffer et al. 2011). Dabei spielen nicht nur objektive Rahmenbedingungen wie der geografische Tafelzugang eine Rolle, sondern auch medizinische Kontextfaktoren (das Auftreten von Krankheiten oder die Notwendigkeit bestimmter Diäten) sowie soziale Netzwerke und deren Nutzung für den Zugang zu Nahrungsmitteln. Als relevant für eine Typologie variantenreicher Bewältigungsstrategien erwiesen sich zudem Aspekte eines lebensweltlichen Arbeitsvermögens (Pfeiffer 2004); hierzu zählen etwa die Fähigkeit zum Ressourcenmanagement, ernährungsbezogene Erfahrungen und die biografische Aneignung von Essgewohnheiten. Darüber hinaus und jenseits einer tafelnutzungsbezogenen Forschung existieren zum individuellen Coping unter den Bedingungen von Ernährungsarmut in Deutschland bislang nur wenige Studien. Die vorhandenen liegen überwiegend zeitlich vor der SGB-II-Reform (etwa Roth 1992; Lehmkühler und Leonhäuser 1998; Kamensky 2004), sind regional beschränkt (etwa Wüstenhöfer 2008), thematisieren das Problemfeld überwiegend aus der Perspektive einer Intervention durch Angebote sozialer Arbeit (vgl. Rose und Sturzenhecker 2009) oder beziehen

---

[8] Der Großteil von 29 % bewegt sich zwischen 300 und 499 €. Der hohe Anteil derer, die nicht kalkulieren, dürfte an dieser Verhältnismäßigkeit nichts Grundlegendes ändern.

[9] Die Zeit, 5.3.2009. Über deren Ernährung ist wenig bekannt, eine kleine qualitative Studie von 1995 (Kutsch) gibt einen ersten Eindruck.

sich nicht systematisch auf Ernährungsarmut und Bevölkerungsgruppen mit eingeschränkter alimentärer Teilhabe (etwa Ploeger et al. 2011 oder Thomas 2010).

So unbefriedigend die Datenlage insgesamt ist, angesichts dieser Zahlen lässt sich durchaus feststellen: „Es gibt sie, die [...] Menschen, die hier bei uns [...] hungrig zu Bett gehen" (Ramsauer 2009, S. 40). Und vielleicht ist momentan nicht entscheidend, wie viele Menschen es wie lange, wie intensiv und wie oft trifft – sondern dass Hunger und Ernährungsarmut überhaupt passieren, mitten in unserer Überfluss- und Wohlstandsgesellschaft.

Ernährungsarmut und alimentäre Teilhabe: Das Beispiel Eating Out

4

Potenzieller Hunger aber ist nur eine Seite der Medaille. Ernährungsarmut definiert sich schließlich nicht nur über ernährungswissenschaftlich ungenügende Nahrungsrationen. In einer Überflussgesellschaft ist – mindestens genauso relevant – zu fragen: Welchen Stellenwert haben Nahrung und Essen in der Gesellschaft – d. h. in ihren sozialen Beziehungen, Praktiken und Diskursen? Und welche Teilhabechancen sind damit verbunden? Essen ist etwas zutiefst Soziales: „food is not just something to eat" (Murcott 1998, S. 14). Das hat auch mit einer Besonderheit des Menschen zu tun: Rein ernährungsphysiologisch können wir fast alles essen, was sich an Organischem auf diesem Planeten findet. Aufgrund dieser „truly impressive nutritional versatility", so Beardsworth und Keil (1997, S. 50), ist schon die grundlegendste und am häufigsten zu treffende Entscheidung eine immer schon soziale, nämlich: Ist etwas essbar oder nicht? Damit wird Essen zu einer nicht hintergehbaren Verbindung von Kultur und Natur und Nahrung zum kulturellen und symbolischen Zeichen. Und darin ist auch angelegt, dass der Ernährung eine entscheidende Rolle bei der Identitätsstiftung (a. a. O., S. 53), bei der Ausbildung des Selbst und von Emotionen (Lupton 1996) und im Sozialisationsprozess (Prahl und Setzwein 1999, S. 121 ff.) zugesprochen wird.

„Gesellschaften sind so, wie sie essen", so Barlösius (1999, S. 9), oder, wie schon bei Feuerbach nachzulesen (1990, S. 358): „Der Mensch ist, was er isst."[1] Essen und Ernährung sind damit der wohl grundlegendste und zentralste Teilhabemechanismus überhaupt – in jeder Gesellschaftsform. Was ich in diesem Sinne *alimentäre Teilhabe* nenne, dem möchte mich am Beispiel des „Eating Out", also des Auswärtsessengehens, ebenfalls empirisch annähern.

---

[1] Dieser sprichwörtlich gewordene Satz findet sich in einer Rezension Feuerbachs über ein ernährungsphysiologisches Werk seiner Zeit. Nach Lemke (2004) bleibt Feuerbach in einer Art gastrosophischen Anthropologie nicht bei dieser „Stammtischthese" stehen, sondern legt das Moralische in die Sinnlichkeit jeder Art des Essens.

S. Pfeiffer, *Die verdrängte Realität: Ernährungsarmut in Deutschland*, essentials,
DOI 10.1007/978-3-658-04665-1_4, © Springer Fachmedien Wiesbaden 2014

Eating Out kann als Kulminationspunkt alimentärer Teilhabe gefasst werden: Wo wir wie, mit wem und zu welchen Anlässen essen gehen; wie wir uns dabei kleiden und was wir dafür ausgeben; welches kulturelle Setting wir wählen; ob wir die adäquaten Tischsitten beherrschen und die angesagten Nahrungsmittel kennen – und ob wir darüber hinaus fähig sind, dem permanenten Wandel von Tisch- und Nahrungsmoden zu folgen: An all dem prüft, dokumentiert und ermöglicht sich unser Angekommensein und Dabeisein in einer individualisierten und pluralisierten Gesellschaft.

Nicht zuletzt deswegen hat das Essengehen in den entwickelten Industrieländern seit den 1980er Jahren einen immensen Aufschwung erlebt, die Ausgaben für den Außer-Haus-Verzehr haben sich von 1960 bis 1998 mehr als verdoppelt, zwei von drei Mahlzeiten werden heute außerhalb der Wohnung zubereitet und konsumiert (Beardsworth und Keil 1997, S. 115 ff.; Finkelstein 1998, S. 201; Finkelstein 1989; Teuteberg 2003). Zwei sich wechselseitig verstärkende, wenn auch scheinbar gegenläufige Trends geben den immer schnelleren Takt des Wandels vor: die Pluralisierung des gastronomischen Angebots und die Standardisierung der gastronomischen Dienstleistung (Prahl und Setzwein 1999, S. 58 ff.). Trotz allen Wandels und einer Verschiebung von kollektiven zu individualistischen Ernährungsmustern (Barlösius 2004) aber haben sich die Motive zum Restaurantbesuch im Zeitverlauf kaum verändert – früher wie heute geht es dabei letztlich immer um die gleichzeitige Befriedigung physischer und sozialer Bedürfnisse (Mennell 2003).

Wo monetäre Ressourcen zu einer entscheidenden Bedingung sozialer Teilhabe geworden sind, ist auch das Essengehen vor allem abhängig vom sozioökonomischen Status: Geringverdienende geben dafür signifikant weniger aus als der Durchschnitt (Beardsworth und Keil 1997, S. 116; Kamensky 2004, S. 23 f.; Warde und Martens 1998). Konkreter zeigen sich die realen alimentären Teilhabechancen von Personen in armen Lebenslagen in Deutschland beim Blick auf die Ausgabenseite des Essengehens – auch hier hilft mangels Daten (z. B. im Armuts-/ Reichtumsbericht oder der NVS) nur eine empirische Annäherung über Daten des Statistischen Bundesamts (Destatis 2008).

Im Jahr 2005 stehen einem durchschnittlichen Arbeitnehmerhaushalt 2.343 € für privaten Konsum zur Verfügung, von denen 134 € für Beherbungs- und Gaststättendienstleistungen ausgegeben werden. Der arbeitslose Haushalt dagegen wendet dafür lediglich 37 € auf – von insgesamt 1.205 € für Konsumausgaben. Auf den ersten Blick erscheint die Situation des Arbeitslosenhaushalts nur graduell schlechter: 19,9 % seiner privaten Konsumausgaben stehen für Ernährung im weitesten Sinne zur Verfügung, im Arbeitnehmerhaushalt sind es 19,1 %. Die Detailbetrachtung erst macht den teilhaberelevanten Unterschied deutlich: Der ärmere Haushalt hat signifikant weniger monetäre Möglichkeiten zur alimentären Teilhabe über Essengehen. Ein arbeitsloser Haushalt, der in der Lage ist, rund 1.200 € für privaten Konsum auszugeben, müsste nach Hartz-IV-Regelsätzen von 2008 mindestens aus zwei Erwachsenen und zwei Kindern unter 14 Jahren bestehen – 37 € im Monat also für das Eating Out von vier Personen. Die durchschnittlichen Kosten für den Restaurantbesuch einer Person liegen 2005 in Deutschland bei 11,72 €[2] – das wären rund 47 € für unsere vierköpfige Familie, also mindestens 10 € mehr, als ihr real zur Verfügung stehen.[3]

Also: Einmal im Monat essen gehen und ein Familienmitglied zu Hause lassen? Oder nur alle zwei Monate mit allen vier? Oder eben: Mehr als einmal mit der ganzen Familie zu McDonalds? Mit alimentärer Teilhabe über Eating Out entsprechend seiner sozialen Bedeutung – also auch verbunden mit dem Ausprobieren pluraler Angebote und mit unterschiedlichen Personen in unterschiedlicher Konstellation – hat das wenig zu tun. „Food Choice" sieht anders aus und kann vom Großteil der Gesellschaft auch anders gelebt werden: Durchschnittlich nämlich geht jede/r Deutsche 85-mal im Jahr zum Essen (Millstone und Lang 2008, S. 93). Im Durchschnitt geben für Deutschland 12 % aller Haushalte an, sich Essengehen generell nicht leisten zu können (European Quality of Life Survey 2003), bei den Hartz-IV-Beziehenden dagegen verzichten sogar 76 % selbst auf einen einzigen monatlichen Restaurantbesuch (Bernhard 2008). Man kann Beardsworth und Keil also auch angesichts der aktuellen Situation Armer in Deutschland zustimmen, wenn sie sagen: „[…] Dining out is experienced and enjoyed by all except the poorest members of society" (1997, S. 118). Das Dramatische daran aber ist nicht „nur" der Verzicht auf eine Konsumausgabe unter anderen, sondern das strukturelle Ausgeschlossensein aus einem nicht ersetzbaren und zentralen Teilhabemodus.

---

[2] Der Durchschnittsbon für einen Restaurantbesuch hat sich im Juli 2008 noch weiter erhöht auf 14,50 €, liegt aber in Deutschland im europäischen Vergleich niedriger als in Großbritannien, Frankreich oder Spanien. Ursprüngliche Quelle: CHD Expert, http://www.chd-expert.de/zahl_des_monats.php (letzter Zugriff am 08.04.2010. Daten zugänglich: http://de.statista.com/statistik/daten/studie/36241/umfrage/durchschnittsbon-in-restaurants-in-europa-im-jahr-2008/ (letzter Zugriff am 28.09.2013).

[3] Zum Vergleich: Das unterste Quintil der Alleinstehenden (nach Abzug von Personen im Leistungsbezug) gibt real im monatlichen Durschnitt 26,86 € für Speisen und Getränke in Restaurants, Cafés, Imbissständen oder Kantinen/Mensen aus (Becker 2010, S. 40 auf Basis der Einkommens- und Verbrauchsstichprobe EVS von 2003).

Gesellschaftlicher Umgang mit Hunger: Delegierung - Negierung - Stigmatisierung

Eine sehr spezifische Form des Außer-Haus-Essens steht von Ernährungsarmut Betroffenen offen, nämlich die Tafeln. Ihre Existenz und ihr Erfolg sind ein weiterer trauriger Beleg meiner ersten These: Es gibt Hunger und Ernährungsarmut in Deutschland. Und sie stehen exemplarisch für meine zweite Zentralthese: Die gesellschaftliche Teilhabe über Essen ist mindestens ebenso wichtig wie die reine Nahrungssicherung. Die letztere Aufgabe können Tafeln zum Teil erfüllen, alimentäre Teilhabe jedoch *nicht*. Tafeln sind für viele Menschen ein wesentlicher Faktor der Nahrungssicherung geworden: Aktuell werden mehr als 1,5 Mio. Menschen an 900 Tafeln und über 3.000 Ausgabestellen mit Lebensmittelspenden unterstützt; (Bundesverband Deutsche Tafel 2013a). Die Hälfte der Tafelnutzenden gilt als Stammkunde/-kundin (von Normann 2003, S. 143). An den Tafeln lässt sich exemplarisch zeigen, welche drei gesellschaftlichen Umgangsformen mit Hunger und Ernährungsarmut in Deutschland derzeit vorherrschen: Delegierung – Negierung – Stigmatisierung.

5.1 Delegierung der Nahrungssicherung an Ehrenamt und Privatwirtschaft

Praktisch alle Tafelnutzenden beziehen ALG II, Sozialgeld oder Grundsicherung, sie sind arbeitslos, zugleich aber auch Geringverdienende, Rentner/-innen, alleinerziehende und Migranten/-innen (Bundesverband Deutsche Tafel 2013a). Anscheinend bekämpft der Sozialstaat Deutschland also Armut einerseits in einer Weise, die Ernährungsarmut produziert, sieht andererseits aber Nahrungssicherung nicht mehr als Aufgabe staatlichen Handelns und delegiert diese. Dies ist ein Novum, war doch Nahrungssicherung bislang immer eine wesentliche Legitimationsquelle politischer Herrschaft (Barlösius 1999, S. 9 f.). Ein Blick in die Geschichtsbücher zeigt: Von der Antike bis zur beginnenden Neuzeit finden sich

S. Pfeiffer, *Die verdrängte Realität: Ernährungsarmut in Deutschland*, essentials, DOI 10.1007/978-3-658-04665-1_5, © Springer Fachmedien Wiesbaden 2014

unterschiedliche Mischformen aus staatlichem oder städtischem Handeln und kirchlich bzw. ehrenamtlich organisierter Spende (Teuteberg 2009, S. 42 ff.; Abel 1972, S. 42, 80; Montanari 1999, S. 105 f.; Gratzer 2008, S. 16 ff.). Selbst im Mittelalter galt die kirchlich organisierte Armenspeisung als Ergänzung zur „obrigkeitlichen Fürsorge" (Teuteberg 2009, S. 43). Erst die moderne Staatsverwaltung erfindet die rationelle Armenspeisung (ibid., S. 49 ff.), die sich an einer „ökonomische[n] Rechenhaftigkeit" (ibid., S. 53) orientiert und sich gerade vom „Odium der Armenfürsorge" befreien will (ibid., S. 56). Nahrungssicherung wurde also immer als Aufgabe von Staat und Politik verstanden, wenn auch – mal mehr, mal weniger – in Arbeitsteilung mit den Kirchen und privater Spendenpraxis. Heute sieht sich der Staat offensichtlich zuständig für bekämpfte Armut, delegiert aber die Bewältigung von deren Nebenfolge Ernährungsarmut an Privatwirtschaft und Ehrenamt – ohne staatliche Eingriffsmöglichkeiten und ohne kirchlich-moralischen Impetus. Rund 50.000 freiwillige Helfer/innen und über tausend spendenbereite Unternehmen ermöglichen die Abmilderung von Ernährungsarmut (Bundesverband Deutsche Tafel 2013a). Das ist beeindruckend und ehrenwert – aber auf Dauer keine verlässliche Konstellation. Damit ist heute schon die Nahrungssicherung von Menschen in armen Lebenslagen hochgradig dem Zufall und in einigen Fällen sogar der Willkür überlassen: Welche Lebensmittel wann, wo, wie und in welcher Menge verfügbar sind, wo überhaupt Tafeln entstehen und zugänglich sind – all das obliegt den jeweils örtlichen Konstellationen von bürgerlichem Engagement, unternehmerischer Handlungsfreiheit sowie strukturellen und regionalen Konstellationen. Die Abhängigkeit von Spenden der Privatwirtschaft führt bereits jetzt zu einer paradoxen Schieflage: Ausgerechnet in wirtschaftlich starken Gebieten finden sich mehr Tafeln als in strukturschwachen (Bundesverband Deutsche Tafel 2013b). Obwohl sich zunehmend auch Tafelangebote im ländlichen Raum finden, ist u. a. die Einwohnerzahl des Wohnorts entscheidend: Städte mit über 50.000 Einwohnern verfügen fast durchgängig über eine Tafel, aber nur jede fünfte Stadt mit einer Einwohnerzahl zwischen 10.000 bis 20.000 (Selke 2009b, S. 24) – wer auf dem Land lebt, hat meist kaum eine Chance auf einen regelmäßigen Tafelzugang (Bundesverband Deutsche Tafel 2007). Neben diesen strukturellen Unterschieden kann eine allein auf Spenden beruhende Versorgung im Krisenfall schnell an ihre Grenzen kommen: So schnellte 2008 mit der Finanzkrise in New York City der Bedarf an Essensunterstützung schlagartig hoch, über 2 Mio. erstmalige Tafelkunden/-innen waren zu unterstützen, ohne dass das Spendenaufkommen entsprechend schnell und ausreichend mitziehen konnte – gerade in ökonomischen Krisenzeiten sind viele Spenderunternehmen schnell zu selbst Betroffenen geworden (Food Bank New York City 2008). Zudem ist auch die Versorgung über karitative Einrichtungen eine Frage von Fähigkeiten und Gesundheit, so zeigt Thomas in seiner Studie zur Lebenssituation von jungen Menschen in Armutslagen: „Die Beschaffung von

Nahrungsmitteln an 24 Stunden täglich und 7 Tagen in der Woche ist selbst in einer Großstadt wie Berlin, in der ein differenziertes, weit gespanntes Hilfesystem vorzufinden ist, nur schwer zu realisieren" (2010, S. 378 f.). Bei aller kritikwürdigen Ambivalenz: Tafeln sind ohne Frage begrüßenswerte soziale Innovationen, wenn sie als punktuelle Hilfestellung in Notsituationen dienen. *Tafeln stehen aber auch für eine Form der Nahrungssicherung, derer man nicht sicher sein kann.*

Der Staat allerdings scheint sich auf das Modell Tafel verlassen zu wollen. Schließlich hat er sich mit dem Umbruch des Sozial- und Produktionsmodells und hin zum aktivierenden Wohlfahrtsstaat (Bartelheimer und Kädtler 2012) aktiv von einer Grundsicherheit der deutschen Nachkriegsgesellschaft verabschiedet, nämlich der sozialstaatlichen Garantie eines Existenzminimums im Bedarfsfall. Der Kernsatz des aktuellen staatlichen Sozialversicherungssystems lautet: „Wer essen will, muss arbeitsbereit sein." (Vobruba 2006, S. 53). Mit der Tatsache, dass ALG-II-Empfängern/-innen der Bezug um 100 % – also auf null – gekürzt werden kann (Kumpmann 2009), ist diese Garantie faktisch längst ausgehebelt – allein im Jahr 2011 geschah dies immerhin im Jahresdurchschnitt monatlich in 10.403 Fällen (Deutscher Bundestag 2013).

5.2   Erbe des Wirtschaftswunders: die Negierung dessen, was nicht sein darf

Die Negierung von Armut ist besonders in Deutschland stark ausgeprägt. So kommt Paugam anhand des Eurobarometers „Armut-Ausgrenzung" zu dem Schluss, die Existenz von Armut werde in Deutschland mehr als im Rest Europas „geleugnet oder unterschätzt".[1] Als einen wesentlichen soziokulturellen Grund für die spezifisch deutsche Verdrängungsleistung von Armut nennen sowohl Paugam als auch Butterwegge das Wirtschaftswunder.[2] Was für Armut nahe liegt, gilt m. E.

---

[1] Paugam 2008, S. 191; Auch für Leibfried et al. (1995, S. 210 ff.) sind die Armutsbilder der deutschen Nachkriegsgesellschaft geprägt von Dramatisierung einerseits und Verdrängung andererseits, und Butterwegge kommt fast 15 Jahre später zu einem noch eindeutigeren Urteil: Armut in Deutschland werde „immer noch geleugnet, verharmlost und verschleiert" (2009, S. 8).

[2] Vgl. Paugam 2008, S. 192; Butterwegge 2009, S. 97 ff. Inwieweit unsere heutigen gesellschaftlichen Vorstellungen von gutem Essen in der Zeit des Wirtschaftswunders ihren Anfang nahmen, ist meines Wissens nicht untersucht. Dass wir aber bis heute gerade in Bezug zu unserer Konsumgeschichte viele Anleihen bei dieser Phase nehmen, legen die Ausführungen zum „Traum vom guten Leben" von Andersen (1998) nahe; nicht im Zusammenhang mit Essen und Ernährung, aber als deutlicher Bezug wirkt das Geschichtsbild des Wirtschaftswunders beispielsweise im politischen Sprachgebrauch selbst noch in der Wendezeit nach (vgl. Abelshauser 2004, S. 402).

umso mehr für Hunger: Schließlich ist keine Phase der deutschen Geschichte so eng und so nachhaltig mit Essen im Überfluss verbunden wie die 1950er Jahre, und diese Geburtsphase unserer Nachkriegsgesellschaft ist medial bis heute wohl stärker verknüpft mit Bildern von sich auftürmenden Würsten als von rauchenden Schloten. Es sind diese Bilder, die uns bis heute den Satz „keiner muss verhungern" eingeschärft haben. Das mediale Gegenbild absoluter Armut in den Entwicklungsländern dagegen vermittelt – so Butterwegge (2009, S. 14) – „Armut in Kamenz, Karlsruhe oder Kassel sei weniger problematisch als solche in Kalkutta, Kapstadt oder Karatschi" (ibid.). Auch diese Bilder übersetzen sich in unserer Wahrnehmung quasi synonym in Bilder vom Hunger. Die Negierung des einen verstärkt und bedingt die Negierung des anderen: Wo es keinen Hunger gibt/geben darf, gibt es auch keine absolute Armut – und vice versa. Auch in der Konstruktion dieser doppelten Negierung spielen die Tafeln eine besondere Rolle. Die Negierung beginnt schon bei den Euphemismen: Sowohl der Tafel- als auch der Kundenbegriff verschleiern die tatsächliche Situation (Lorenz 2009, S. 77). Die entscheidende Negierungsfunktion der Tafeln liegt jedoch in ihrer Normalisierungstendenz. So verweist Selke (2009c, S. 31) auf die erklärte Absicht der Tafeln und ihrer Helfer/-innen, sich an normale Menschen mit „ganz normalen" Problemen statt an „extreme" Randgruppen richten zu wollen. Der ideale Kunde sei der normale Kunde und der wiederum werde als „normaler" Hartz-IV-Bezieher zum Teil unserer Normalitätsfiktion (Selke 2009b, S. 25). So transformierten Tafeln die ursächliche Armut in einen geregelten, tafeladäquaten Umgang mit eben dieser Armut und arbeiteten daher täglich mit an der Strategie, das „Anormale als normal erscheinen" zu lassen (Selke 2009c, S. 24).

5.3 Körpermale und tafeladäquate Armut – neue Formen der Stigmatisierung

Neue Armut, Prekarität und neue Unterschicht (Altenhain et al. 2008; Castel und Dörre 2009), Exklusion (Baumann 2005; Kronauer 2002; kritisch Castel 2008, S. 69 ff. und 2009, S. 28 ff.), Un-/Gerechtigkeit (Becker 2009; Dubet 2008; Kronauer 2007) und die Debatte um die Überflüssigen (Bude 2008; Bude und Willisch 2008): Das Thema sich verstärkender sozialer Ungleichheit hat Konjunktur in der Soziologie. Ein bislang eher am Rande aufscheinender Aspekt zunehmender sozialer Ungleichheit ist die Stigmatisierung in Zusammenhang mit Ernährungsarmut, die sich in drei Varianten zeigt. Erstens in der Stigmatisierung aufgrund sichtbar ungesunder Ernährung in Form von Übergewicht: Der medial inszenierte „Kreuzzug gegen Fette" (Schmidt-Semisch und Schorb 2007; vgl. auch Puhl 2009) ist in

vollem Gange – trotz der Kritik an der Sinnhaftigkeit des Body Mass Index (Spiekermann 2007; ähnlich auch Campos 2004,4S. 1 ff.; Helmert 2007; Schorb 2007b,
S. 58). Zweitens in der Armen immer schon entgegengebrachten Unterstellung
eines falschen, maßlosen und/oder unangemessenen Lebensstils (Barlösius 1999,
S. 63 ff.; Feichtinger 1995, S. 301 ff.). Mit bürgerlich erhobenem Zeigefinger werde
der Unterschicht ihr „Happy Meal" verwehrt (Schorb 2007a). „Körpermale" (Bude
2008, S. 106) werden damit zum Signal für Exklusion: Untergründig und gleichzeitig als „trash" medial verstärkt entwickele sich eine „Physiognomie der sozialen
Klassen" (ibid., S. 110). Und drittens – zukünftig und zunehmend – in einer ta-
felspezifischen Stigmatisierung: Tafeln sind Kreuzungspunkte des Überflusses, an
denen überflüssige Waren der Überflussgesellschaft auf die „Überflüssigen" der Gesellschaft treffen (Selke 2009c, S. 30). Sie werden letztlich selbst zum Medium der
Stigmatisierung, denn durch die Tafelnutzung dokumentiert sich quasi-öffentlich
nicht nur die Exklusion von alimentärer Teilhabe, sondern auch die Potenzialität
von Hunger. Mit dem Hunger aber, als eindeutigstem Indikator für Armut (Barlösius et al. 1995, S. 13), wird das zentrale Basisprinzip der Überflussgesellschaft her-
ausgefordert. Lässt die Überflussgesellschaft diese existenziellste Form des Mangels
zu – zumindest als Möglichkeit –, dann braucht sie die Stigmatisierung der Tafel-
nutzer. Nur so lässt sich das Spannungsfeld zwischen dem gesellschaftlichen Über-
flussversprechen und dessen evidentem Nicht-Einlösen gesellschaftlich „lösen".
Die oben beschriebenen Normalisierungs- und Negierungsstrategien der Tafeln
werden dies auf Dauer ebenso wenig verhindern wie ihre Zeitgeistentsprechung
(Selke 2009c, S. 20) und ihr positives Image (von Normann 2002, S. 303, 310).

Diese drei gesellschaftlich vorherrschenden Umgangsformen mit Ernährungsarmut und Hunger – Delegierung, Negierung und Stigmatisierung – hängen, das
liegt auf der Hand, engstens zusammen und verstärken sich wechselseitig. Bleiben
sie gesellschaftlich vorherrschend, tragen sie zu einer Zunahme von Ernährungsarmut und Hunger bei – allein schon deshalb, weil die Phänomene nicht ihrer Bedeutung entsprechend sichtbar werden. Hier hat die Sozialwissenschaft einen Beitrag
zur Lüftung des Schleiers zu leisten. Und das kann sie am besten, indem sie ihre
Methoden und Konzepte auf die Erkenntnis ausrichtet, dass auch in Überflussge-
sellschaften der alimentäre Mangel zum Existenzproblem vieler werden kann.

Fazit

Gesellschaftlich sichtbar wird Ernährungsarmut in unserem Land – wenn überhaupt – am Ort der Tafeln. Absicht dieses Beitrags war zum einen zu zeigen: Es gibt in Deutschland mehr Ernährungsarmut als an den Tafeln in amtlichen Statistiken sichtbar wird. Ernährungsarmut wird zu wenig systematisch erforscht als dass es harte und eindeutige Zahlen dazu gäbe. Geht man aber auf detektivische Suche, trägt man Indizien zusammen aus unterschiedlichen Datenquellen und versucht sie aufeinander zu beziehen, dann zeigt sich: auch in einem an sich reichen Land ist Armut für viele und immer mehr Menschen mit deutlichen und teils drastischen Einschränkungen bei der Ernährung verbunden. Hunger ist ein Thema, dem wir uns im 21. Jahrhundert mitten in Europa beginnen müssen neu zu stellen. Ernährungsarmut in einem an sich reichen Land bedeutet für die Betroffenen aber nicht nur leere oder ernährungsphysiologisch unbefriedigend gefüllte Kühlschränke. Ernährung ist in einer individualisierten, pluralisierten und den Konsum fetischisierenden Gesellschaft auch eine Frage von Teilhabe. Der Beitrag zeigt – erneut auf Basis unterschiedlichster Datenquellen und empirischer Indizien – zum zweiten auf: Außer Haus Essen zu gehen ist eine zentrale alimentäre Teilhabedimension, von denen Menschen im ALG II-Hilfebezug strukturell und systematisch ausgeschlossen werden. Wenn unsere Gesellschaft, Politik und Sozialwissenschaft sich dem Phänomen Ernährungsarmut in ihren vielfältigen Ausprägungen-nicht bereit ist schnell und ernsthaft zu stellen, wenn das Problem weiterhin delegiert und negiert und die Betroffenen fortführend stigmatisiert werden, dann – so das Fazit – verschärft sich eine Entwicklung, die jetzt noch umzukehren wäre.

S. Pfeiffer, *Die verdrängte Realität: Ernährungsarmut in Deutschland*, essentials, DOI 10.1007/978-3-658-04665-1, © Springer Fachmedien Wiesbaden 2014

Literatur

Abel, Wilhelm. 1972. *Massenarmut und Hungerkrisen im vorindustriellen Deutschland.* Göttingen: Vandenhoeck & Ruprecht.

Abelshauser, Werner. 2004. *Deutsche Wirtschaftsgeschichte seit 1945.* München: Beck.

Albritton, Robert. 2010. *Let them eat junk: How capitalism creates hunger and obesity.* London: Pluto.

Altenhain, Claudio, Anja Danilina, Erik Hildebrandt, Stefan Kausch, Annekathrin Müller, und Tobias Röscher. Hrsg. 2008. *Von „Neuer Unterschicht" und Prekariat.* Bielefeld: Transcript.

Ames, Anne. 2007. *„Ich hab's mir nicht ausgesucht …" Die Erfahrungen der Betroffenen mit der Umsetzung und den Auswirkungen des SGB II.* Mainz: Zentrum Gesellschaftliche Verantwortung.

Andersen, Arne. 1998. *Der Traum vom guten Leben. Alltags- und Konsumgeschichte vom Wirtschaftswunder bis heute.* Frankfurt a. M.: Campus.

Anderson, Sue Ann. 1990. The 1990 Life Sciences Research Office (LSRO) report on nutritional assessment defined terms associated with food access. Core indicators of nutritional state for difficult to sample populations. *Journal of Nutrition* 102:1559–1660.

Barlösius, Eva. 1999. *Soziologie des Essens. Eine sozial- und kulturwissenschaftliche Einführung in die Ernährungsforschung.* Weinheim: Juventa.

Barlösius, Eva. 2004. Von der kollektiven zur individualisierten Essmoral? Über das „Gute Leben" und die widersprüchlichen Grundmuster alltäglichen Essens. In *Die Revolution am Esstisch. Neue Studien zur Nahrungskultur im 19./20. Jahrhundert*, Hrsg. Hans Jürgen Teuteberg, 39–50. Stuttgart: Steiner.

Barlösius, Eva, Elfriede Feichtinger, und Barbara Maria Köhler. 1995. Armut und Ernährung –Problemaufriß eines wiederzuentdeckenden Forschungsgebiets. In *Ernährung in der Armut. Gesundheitliche, soziale und kulturelle Folgen in der Bundesrepublik Deutschland*, Hrsg. Eva Barlösius, Elfriede Feichtinger, und Barbara Maria Köhler, 11–26. Berlin: Edition Sigma.

Bartelheimer, Peter, und Jürgen Kädtler. 2012. Produktion und Teilhabe – Konzepte und Profil sozioökonomischer Berichterstattung. In *Berichterstattung zur sozio-ökonomischen Entwicklung in Deutschland – Teilhabe im Umbruch: Zweiter Bericht*, Hrsg. SOEB, 41–85. Wiesbaden: VS Verlag für Sozialwissenschaften.

Bauman, Zygmunt. 2005. *Verworfenes Leben. Die Ausgegrenzten der Moderne.* Hamburg: Hamburger Edition.

S. Pfeiffer, *Die verdrängte Realität: Ernährungsarmut in Deutschland,* essentials,
DOI 10.1007/978-3-658-04665-1, © Springer Fachmedien Wiesbaden 2014

Beardsworth, Alan, und Theresa Keil. 1997. *Sociology on the menue. An invitation to the study of food and society.* London: Routledge.

Becker, Jens. 2009. Das Unbehagen in der Gesellschaft. Soziale Ungleichheiten und Ungerechtigkeitserfahrungen in Deutschland. In *Tafeln in Deutschland. Aspekte einer sozialen Bewegung zwischen Nahrungsmittelumverteilung und Armutsprävention,* Hrsg. Stefan Selke, 107–135. Wiesbaden: VS Verlag für Sozialwissenschaften.

Becker, Irene. 2010. Bedarfsbemessung bei Hartz IV. Zur Ableitung von Regelleistungen auf der Basis des „Hartz-IV-Urteils" des Bundesverfassungsgerichts. *Wiso-Diskurs* 10:5–42.

Bernhard, Christoph. 2008. Was fehlt bei Hartz IV? Zum Lebensstandard der Empfänger von Leistungen nach SGB II. In *Informationsdienst Soziale Indikatoren (ISI).* 40: 7–10.

Bickel, Gary, Mark Nord, Cristofer Price, William Hamilton, und John Cook. 2000. *Guide to measuring household food security.* Revised 2000. Alexandria, VA: U.S. Departement of Agriculture, Food and Nutrition Service.

Bourdieu, Pierre. 1987. *Die feinen Unterschiede. Kritik der gesellschaftlichen Urteilskraft.* Frankfurt a. M.: Suhrkamp.

Brombach, Christine, Ute Wagner, Marianne Eisinger-Watzl, und Alexandra Heyer. 2006. Die Nationale Verzehrs-Studie II. *Ernährungs-Umschau* 53 (1): 4–9.

Bude, Heinz. 2008. *Die Ausgeschlossenen. Das Ende vom Traum einer gerechten Gesellschaft.* München: Hanser.

Bude, Heinz, und Andreas Willisch. Hrsg. 2008. *Exklusion. Die Debatte über die „Überflüssigen".* Frankfurt a. M.: Suhrkamp.

Bundesregierung der Bundesrepublik Deutschland. Hrsg. 2008. *Lebenslagen in Deutschland. Der dritte Armuts- und Reichtumsbericht der Bundesregierung.* Berlin.

Bundesverband Deutsche Tafel. 2007. Deutsche Tafeln nach Zahlen. Ergebnisse der Tafelumfrage 2007. http://www.tafel.de/fileadmin/pdf/Tafel-Umfrage/Tafel-Umfrage_2007_Auswertung.pdf. Zugegriffen: 29. Sept 2013.

Bundesverband Deutsche Tafel. 2013a. Hintergrundinformation: Zahlen & Fakten. Pressemitteilung vom 26. Juni 2013. http://www.tafel.de/fileadmin/pdf/Presse/Hintergrundinformationen/Die_Tafeln_Zahlen_Fakten_Juni_2013.pdf. Zugegriffen: 29. Sept 2013.

Bundesverband Deutsche Tafel. 2013b. Hintergrundinformationen: Tafeln nach Bundesländern. Pressemitteilung vom 29. August 2013. http://www.tafel.de/fileadmin/pdf/Presse/Hintergrundinformationen/DieTafeln_nach_Bundeslaendern_Aug_2013.pdf. Zugegriffen: 29. Sept 2013.

Butterwegge, Christoph. 2009. *Armut in einem reichen Land. Wie das Problem verharmlost und verdrängt wird.* Fankfurt a. M.: Campus.

Campos, Paul F. 2004. *The obesity myth: Why America's obsession with weight is hazardous to your health.* New York: Gotham.

Castel, Robert. 2008. Die Fallstricke des Exklusionsbegriffs. In *Exklusion. Die Debatte über die „Überflüssigen",* Hrsg. Heinz Bude und Andreas Willisch, 69–86. Frankfurt a. M.: Suhrkamp.

Castel, Robert. 2009. Die Wiederkehr der sozialen Unsicherheit. In *Prekarität, Abstieg, Ausgrenzung. Die soziale Frage am Beginn des 21. Jahrhunderts,* Hrsg. Robert Castel und Klaus Dörre, 21–34. Frankfurt a. M.: Campus.

Castel, Robert, und Klaus Dörre. Hrsg. 2009. *Prekarität, Abstieg, Ausgrenzung. Die soziale Frage am Beginn des 21. Jahrhunderts.* Frankfurt a. M.: Campus.

Coleman-Jensen, Alisha, Mark Nord, Margaret Andrews, und Steven Carlson. 2012. *Household food security in the United States in 2011.* Washington D.C.: U.S. Dept. of Agriculture.

Cribb, Julian. 2011. *The coming famine: The global food crisis and what we can do to avoid it.* Berkeley: University of California Press.

Destatis. 2008. Datenreport 2008: Der Sozialbericht für Deutschland. Auszug aus dem Datenreport 2008 Private Haushalte – Einkommen, Ausgaben, Ausstattung, Kapitel 6.

Deutscher Bundestag. 2009. Sanktionen bei Hartz IV und Leistungsvergabe nach § 31a Absatz 3 Satz 1 des Zweiten Buches Sozialgesetzbuch, Sachleistungen und geldwerte Leistungen. Antwort der Bundesregierung auf die Kleine Anfrage der Abgeordneten Katja Kipping et al. (Drucksache 17/11966 und 17/11459). Bundestagsdrucksache 17/12247 vom 01.02.2013.

Dowler, Elizabeth, und Deirdre O'Connor. 2012. Rights based approaches to addressing food poverty and food insecurity in Ireland and UK. *Social Science & Medicine* 74 (1): 44–51.

Dubet, François. 2008. *Ungerechtigkeiten. Zum subjektiven Ungerechtigkeitsempfinden am Arbeitsplatz.* Hamburg: Hamburger Edition.

FAO. 2013. *The state of food insecurity in the world. The multiple dimensions of food security.* Rome: Food and Agriculture Organization of the United Nations.

Feichtinger, Elfriede. 1995. Armut und Ernährung im Wohlstand. Topographie eines Problems. In *Ernährung in der Armut. Gesundheitliche, soziale und kulturelle Folgen in der Bundesrepublik Deutschland,* Hrsg. Eva Barlösius, Elfriede Feichtinger, und Barbara Maria Köhler, 291–305. Berlin: Edition Sigma.

Feuerbach, Ludwig. 1990. Die Naturwissenschaft und die Revolution. [Über: Die Lehre der Nahrungsmittel. Für das Volk. Von J. Moleschott] (Rezension). In *Gesammelte Werke, Bd. 10: Kleinere Schriften III. 1846–1850,* Hrsg. Ludwig Feuerbach, 347–376, Berlin: Akademie.

Fine, Ben, Michael Heasman, und Judith Wright. 1998. What we eat and why: Social norms and Systems of provision. In *The nation's diet, the social science of food choice,* Hrsg. Anne Murcott, 95–111. London: Longman.

Finkelstein, Joanne. 1989. *Dining out. A sociology of modern manners.* Cambridge: New York University Press.

Finkelstein, Joanne. 1998. Dining out: The hyperreality of appetite. In *Eating culture,* Hrsg. Ron Scapp und Brian Seitz, 201–215. Albany: State University of New York Press.

Food Bank New York City. 2008. Food poverty in NYC soars as recession hits home. Press release 16. December 2008. http://www.foodbanknyc.org/go/news/food-poverty-in-nyc-soars-as-recession-hits-home. Zugegriffen: 29. Sept 2013.

Galbraith, John Kenneth. 1959. *Gesellschaft im Überfluß.* München: Droemer Knaur.

Gallup. 2013. Fast food still major part of U.S. diet. Most Americans believe fast food is not „good for you". www.gallup.com/poll/163868/fast-food-major-part-diet.aspx. Zugegriffen: 29. Sept 2013.

Gratzer, Walter. 2008. *Terrors of the table: The curious history of nutrition.* Oxford: Oxford University Press.

Heindl, Ines. 2007. Ernährung, Gesundheit und soziale Ungleichheit. *Aus Politik und Zeitgeschehen* 42:32–38.

Helmert, Uwe. 2007. Die „Adipositas-Epidemie" in Deutschland – Stellungnahme zur aktuellen Diskussion. In *Kreuzzug gegen Fette: Sozialwissenschaftliche Aspekte des gesellschaftlichen Umgangs mit Übergewicht und Adipositas,* Hrsg. Henning Schmidt-Semisch und Friedrich Schorb, 79–88. Wiesbaden: VS Verlag für Sozialwissenschaften.

Holt-Giménez, Eric, Annie Shattuck, Miguel Altieri, Hans Herren, und Steve Gliessman. 2012. We already grow enough food for 10 billion people …and still can't end hunger. *Journal of Sustainable Agriculture* 36 (6): 595–598.

Hünecke, Katja, Uwe R. Fritsche, und Ulrike Eberle. 2004. *Lebenszykluskosten für Ernährung.* Freiburg u. a.: Öko-Institut.

Jacobs, Marc, und Peter Scholliers. Hrsg. 2003. *Eating out in Europe: Picnics, gourmet dining, and snacks since the late eighteenth century*. Oxford: Berg.

Jaquemoth, Mirjam. 2007. Iudex non calculat. Hartz IV auf dem Prüfstand der Haushaltsökonomik. In *OIKOS 2010 – Haushalte und Familien im Modernisierungsprozess. Festschrift für Prof. Dr. Barbara Seel zum 65. Geburtstag*, Hrsg. Stefan Höflacher, Rainer Hufnagel, Mirjam Jaquemoth, und Michael-Burkhard Piorkowsky, 63–100. Bonn : University Press.

Kaiser, Claudia. 2001. *Ernährungsweisen von Familien mit Kindern in Armut. Eine qualitative Studie zur Bedeutung und Erweiterung des Konzepts der Ernährungsarmut*. Stuttgart: Ibidem.

Kamensky, Jutta. 2004. Ernährung und Sozialhilfe – Situation und Maßnahmen für die Gesundheitsförderung. In *Pizza, Pommes und Probleme – Ernährungsarmut heute. Dokumentation des 3. Bremer Forums „Gesundheitlicher Verbraucherschutz" am 03. November 2003 in Bremen. Schriftenreihe Umweltbezogener Gesundheitsschutz*, Bd. 18. Hrsg. Barbara Grzybowski und Ludwig Müller, 21–27. Bremen: Senator für Arbeit, Frauen, Gesundheit, Jugend und Soziales.

Kersting, Mathilde, und Kerstin Clausen. 2007. Wie teuer ist eine gesunde Ernährung für Kinder und Jugendliche? *Ernährungs-Umschau* 9:508–513.

Köhler, Barbara Maria. 1995. Ernährung in der Armut – Folgen für die Gesundheit. In *Ernährung in der Armut. Gesundheitliche, soziale und kulturelle Folgen in der Bundesrepublik Deutschland*, Hrsg. Eva Barlösius, Elfriede Feichtinger, und Barbara Maria Köhler, 271–290. Berlin: Edition Sigma.

Kronauer, Martin. 2002. *Exklusion. Die Gefährdung des Sozialen im hoch entwickelten Kapitalismus*. Frankfurt a. M.: Campus.

Kronauer, Martin. 2007. Neue soziale Ungleichheiten und Ungerechtigkeitserfahrungen. Herausforderungen für eine Politik des Sozialen. *WSI-Mitteilungen* 7:365–372.

Kumpmann, Ingmar. 2009. Im Fokus: Sanktionen gegen Hartz-IV-Empfänger: Zielgenaue Disziplinierung oder allgemeine Drohkulisse? *Wirtschaft im Wandel* 15 (6): 236–239.

Kutsch, Thomas. 1995. Berber-Kost – Ernährungs- und Überlebensmuster der Nicht-Seßhaften. In *Ernährung in der Armut. Gesundheitliche, soziale und kulturelle Folgen in der Bundesrepublik Deutschland*, Hrsg. Eva Barlösius, Elfriede Feichtinger, und Barbara Maria Köhler, 254–267. Berlin: Edition Sigma.

Lehmkühler, Stephanie H., und Ingrid-Ute Leonhäuser. 1998. Armut und Ernährung. *Spiegel der Forschung* 15 (2): 74–82.

Leibfried, Stephan, Lutz Leisering, Petra Buhr, Monika Ludwig, Eva Mädje, Thomas Olk, Wolfgang Voges, und Michael Zwick. 1995. *Zeit der Armut. Lebensläufe im Sozialstaat*. Frankfurt a. M.: Suhrkamp.

Lemke, Harald. 2004. Feuerbachs Stammtischthese oder zum Ursprung des Satzes: „Der Mensch ist, was er isst". *Aufklärung und Kritik. Zeitschrift für freies Denken und humanistische Philosophie* 11 (1): 117–140.

Lorenz, Stephan. 2009. Die Tafeln zwischen Konsumismus und ‚Überflüssigkeit'. Zur Perspektive einer Soziologie des Überflusses. In *Tafeln in Deutschland. Aspekte einer sozialen Bewegung zwischen Nahrungsmittelumverteilung und Armutsprävention*, Hrsg. Stefan Selke, 65–84. Wiesbaden: VS Verlag für Sozialwissenschaften.

Lupton, Deborah. 1996. *Food, the body and the self*. London: Sage.

Mabli, James, Rhoda Cohen, Frank Potter, und Zhanyun Zhao. 2010. *Hunger in America 2010. National report prepared for feeding America*. Princeton: Mathematica Policy Research.

Max Rubner-Institut. Hrsg. 2008a. *Nationale Verzehrsstudie II – Ergebnisbericht*, Teil 1. Karlsruhe.

Max Rubner-Institut. Hrsg. 2008b. *Nationale Verzehrsstudie II – Ergebnisbericht, Teil 2.* Karlsruhe.

Mennell, Stephen. 2003. Eating in the public sphere in the nineteenth and twentieth centuries. In *Eating out in Europe: Picnics, gourmet dining, and snacks since the late eighteenth century,* Hrsg. Marc Jacobs und Peter Scholliers, 245–260. Oxford: Berg.

Millstone, Erik, und Tim Lang. 2008. *The atlas of food: Who eats what, where, and why.* London: Routledge.

Montanari, Massimo. 1999. *Der Hunger und der Überfluss. Kulturgeschichte der Ernährung in Europa.* München: Beck.

Murcott, Anne. 1998. Food choice, the social sciences and "the Nation's Diet" research programme. In *The nation's diet: The social science of food choice,* Hrsg. Anne Murcott, 1–22. London: Longman.

Nestlé. 2011. *Nestlé Studie 2011– So is(s)t Deutschland. Ein Spiegel der Gesellschaft.* Stuttgart: Matthaes.

von Normann, Konstantin. 2002. Die Tafel: eine neue Organisation etabliert sich im Nonprofit-Sektor. In *Non-profit-Organisationen und gesellschaftliche Entwicklung: Spannungsfeld zwischen Mission und Ökonomie,* Hrsg. Reinbert Schauer, Robert Purtschert, und Dieter Witt, 299–312. Linz: Universitätsverlag Robert Trauner.

von Normann, Konstantin. 2003. *Evolution der Deutschen Tafeln. Eine Studie über die Entwicklung caritativer Nonprofit-Organisationen zur Verminderung von Ernährungsarmut in Deutschland.* Bad Neuenahr: Wehle.

Paugam, Serge. 2008. *Die elementaren Formen der Armut.* Hamburg: Hamburger Edition.

Pfeiffer, Sabine. 2004. *Arbeitsvermögen. Ein Schlüssel zur Analyse (reflexiver) Informatisierung.* Wiesbaden: VS Verlag für Sozialwissenschaften.

Pfeiffer, Sabine. 2010. Hunger in der Überflussgesellschaft. In *Kritik der Tafeln in Deutschland: Standortbestimmungen zu einem ambivalenten sozialen Problem,* Hrsg. Stefan Selke, 91–107. Wiesbaden: VS Verlag für Sozialwissenschaften.

Pfeiffer, Sabine, Tobias Ritter, und Andreas Hirseland. 2011. Hunger and nutritional poverty in Germany: quantitative and qualitative empirical insights. *Critical Public Health* 21 (4): 417–428.

Ploeger, Angelika, Gunther Hirschfelder, und Gesa Schönberger. Hrsg. 2011. *Die Zukunft auf dem Tisch: Analysen, Trends und Perspektiven der Ernährung von morgen.* Wiesbaden: VS Verlag für Sozialwissenschaften.

Prahl, Hans-Werner, und Monika Setzwein. 1999. *Soziologie der Ernährung.* Wiesbaden: VS Verlag für Sozialwissenschaften.

Puhl, Rebecca. 2009. Obesity stigma – causes, effects and some practical solutions. *Diabetes Voice* 54 (1): 25–28.

Ramsauer, Petra. 2009. *So wird Hunger gemacht. Wer warum am Elend verdient.* Wien: Ueberreuter.

Roberts, Paul. 2008. *The end of food.* New York: Bloomsbury.

Rose, Lotte, und Benedikt Sturzenhecker. Hrsg. 2009. *Erst kommt das Fressen! Über Essen und Kochen in der Sozialen Arbeit.* Wiesbaden.

Roth, Rainer. 1992. *Über den Monat am Ende des Geldes. Ergebnisse einer Umfrage unter 196 Sozialhilfeempfänger/innen über das Leben mit Sozialhilfe.* Frankfurt a. M.: DVS.

Schmidt-Semisch, Henning, und Friedrich Schorb. Hrsg. 2007. *Kreuzzug gegen Fette: Sozialwissenschaftliche Aspekte des gesellschaftlichen Umgangs mit Übergewicht und Adipositas.* Wiesbaden: VS Verlag für Sozialwissenschaften.

Schorb, Friedrich. 2007a. Keine „Happy Meals" für die Unterschicht! Zur symbolischen Bekämpfung der Armut. In *Kreuzzug gegen Fette: Sozialwissenschaftliche Aspekte des gesellschaftlichen Umgangs mit Übergewicht und Adipositas*, Hrsg. Henning Schmidt-Semisch und Friedrich Schorb, 107–124. Wiesbaden: VS Verlag für Sozialwissenschaften.

Schorb, Friedrich. 2007b. Adipositas in Form gebracht. Vier Problemwahrnehmungen. In *Kreuzzug gegen Fette: Sozialwissenschaftliche Aspekte des gesellschaftlichen Umgangs mit Übergewicht und Adipositas*, Hrsg. Henning Schmidt-Semisch und Friedrich Schorb, 57–78. Wiesbaden: VS Verlag für Sozialwissenschaften.

Selke, Stefan. Hrsg. 2009a. *Tafeln in Deutschland. Aspekte einer sozialen Bewegung zwischen Nahrungsmittelumverteilung und Armutsprävention.* Wiesbaden: VS Verlag für Sozialwissenschaften.

Selke, Stefan. 2009b. *Fast ganz unten. Wie man in Deutschland durch die Hilfe von Lebensmitteltafeln satt wird.* Münster: Westfälisches Dampfboot.

Selke, Stefan. 2009c. Tafeln und Gesellschaft. Soziologische Analyse eines polymorphen Phänomens. Einleitung. In *Tafeln in Deutschland. Aspekte einer sozialen Bewegung zwischen Nahrungsmittelumverteilung und Armutsprävention*, Hrsg. Stefan Selke, 9–38. Wiesbaden: VS Verlag für Sozialwissenschaften.

Selke, Stefan. Hrsg. 2010. *Kritik der Tafeln in Deutschland: Standortbestimmungen zu einem ambivalenten sozialen Problem.* Wiesbaden: VS Verlag für Sozialwissenschaften.

Selke, Stefan. 2013. *Schamland. Die Armut mitten unter uns.* Berlin: Econ.

Sorokin, Pitirim A. 1975. *Hunger as a factor in human affairs.* Gainesvilles: University Presses of Florida.

Spiekermann, Uwe. 2007. Übergewicht und Körperdeutungen im 20. Jahrhndert. In *Kreuzzug gegen Fette: Sozialwissenschaftliche Aspekte des gesellschaftlichen Umgangs mit Übergewicht und Adipositas*, Hrsg. Henning Schmidt-Semisch und Friedrich Schorb, 35–56. Wiesbaden: VS Verlag für Sozialwissenschaften.

Strengmann-Kuhn, Wolfgang. 2003. *Armut trotz Erwerbstätigkeit: Analysen und sozialpolitische Konsequenzen.* Frankfurt a. M.

Teuteberg, Hans Jürgen. 2003. The rising popularity of dining out in german restaurants in the aftermath of modern urbanization. In *Eating out in Europe: Picnics, gourmet dining, and snacks since the late eighteenth century*, Hrsg. Marc Jacobs und Peter Scholliers, 281–299. Oxford: Berg.

Teuteberg, Hans Jürgen. 2009. Historische Vorläufer der Lebensmitteltafeln in Deutschland. In *Tafeln in Deutschland. Aspekte einer sozialen Bewegung zwischen Nahrungsmittelumverteilung und Armutsprävention*, Hrsg. Stefan Selke, 41–63. Wiesbaden: VS Verlag für Sozialwissenschaften.

Thießen, Friedrich, und Christian Fischer. 2008. Die Höhe der sozialen Mindestsicherung – Eine Neuberechnung „bottom up". *Zeitschrift für Wirtschaftspolitik* 57 (2): 145–173.

Thomas, Stefan. 2010. *Exklusion und Selbstbehauptung: Wie junge Menschen Armut erleben.* Frankfurt a. M.: Campus.

United Nations World Food Program. 2008. *Hunger and health: World hunger series 2007.* London: Earthscan.

Warde, Alan, und Lydia Martens. 1998. A sociological approach to food choice: the case of eating out. In *The nation's diet: The social science of food choice*, Hrsg. Anne Murcott, 129–144. London: Longman.

Wüstendörfer, Werner. 2008. *„Dass man immer nein sagen muss." Eine Befragung der Eltern von Grundschulkindern mit Nürnberg-Pass.* Nürnberg: Amt für Existenzsicherung und Soziale Integration.